verso & cuento

Hijos del invierno

NEREA DELGADO

Papel certificado por el Forest Stewardship Council®

Primera edición: febrero de 2022

© 2022, Nerea Delgado
© 2022, Penguin Random House Grupo Editorial, S.A.U.
Travessera de Gràcia, 47-49. 08021 Barcelona

Printed in Spain – Impreso en España

ISBN: 978-84-03-52262-6
Depósito legal: B-18879-2021

Compuesto en Mirakel Studio, S.L.U.
Impreso en Gómez Aparicio, S. L.,
Casarrubuelos (Madrid)

AG 2 2 6 2 6

Dedico este libro al qué dirán.
Ya no te tengo miedo

Al aire van los recuerdos
y a los ríos, las nostalgias.

José Antonio Labordeta

CADA VEZ QUE NOS MIRAMOS SE COMPONE UNA CANCIÓN

LA LLEGADA

Apareciste haciendo ruido
y sin esperarte,
como cuando te quitas los vaqueros
y caen al suelo las monedas.

Así viniste,
cambiándome los planes,
erizándome la piel
como una canción antigua.

Entraste en el bar
esquivando a jóvenes de pantalón corto
y a adolescentes que descubren la cerveza.
Y, tras de ti, un huracán fuerte.
Llegaste tropical y acertado.
Necesario.

Un azul de repente.
Nunca había estado tan cerca del mar.
Caí.
Me hundí hasta el fondo.
Y respiré tan profundo
como al terminar de leer un buen poema.

ALGO EN COMÚN

Tienes miedo
y yo también.
Podemos empezar por ahí
nuestra lista de cosas en común.

UNA NOCHE SIN LUNA

Bastó una noche sin luna
para comprobar que unos ojos así
no se buscan.

Aparecen de repente,
en mitad de una plaza,
en las madrugadas oscuras,
iluminándolo todo.

O a la luz del mediodía,
mientras ensaya la orquesta.
O en la ventana baja de una casa
donde crecen los geranios y las uvas.

Aquella noche sin luna
estuvimos hablando un buen rato.
Y digo «bueno»
porque de verdad lo fue.

Si quieres nos olvidamos.
O apostamos todo
y vemos de qué somos capaces juntos.

HÁBLAME

No es necesario comenzar por el principio.
Tú háblame,
yo te escucharé
como una niña frente al fuego.

Me interesa todo.
Háblame de tu trabajo,
de tus domingos,
de la puerta de tu casa,
de las alfombras del salón.

Cuéntame hasta qué botón
abrochas tus camisas,
con cuántas cucharadas de azúcar
te gusta el café.

Cómo era el mundo
antes de que se inventaran
los finales.

Qué canción podrías escuchar
una y otra
y otra vez.

AVISO

Si estás esperando una señal,
date cuenta de que esa señal
son tus ganas.

YO, QUE EN LA ÚLTIMA
NOCHEVIEJA
DEJÉ LAS UVAS EN EL PLATO,
CELEBRO A TU LADO
LA BUENA SUERTE

LA OPORTUNIDAD

Diciembre se despista con nosotros.
El invierno es un animal tranquilo
desde que te conozco.

Duerme acostado en la entrada;
no ruge, no muerde, no pide comida.

Nosotros cambiamos de canción
y tiramos los relojes,
dueños del clima y de la madrugada.

Tenemos las manos calientes
de aplaudir a la buena suerte;
ha hecho un buen trabajo
juntándonos en este barco.

Solo hay un modo
de agradecerle a la vida
que nos haya cruzado en el camino:
aprovechar la oportunidad.

Contigo he aprendido
que no es necesario correr
para llegar a tiempo.

BESOS Y MADRUGADAS

Desde mi ventana se ve tu casa.
Allá, no tan lejos, color rojizo,
como un atardecer de frío.

Es de noche y la farola parpadea.
Sabes que estoy mirando tus balcones
y enciendes una luz.

Y yo entiendo que eso es
como abrazarme en la cama,
como un beso en la comisura.

Una pequeña esperanza.

TANTO NOS QUEDA, TANTO

Ya verás,
iremos al monte
y te reirás de mis pelos
cuando el viento los sople.
Y no me importará
porque veré cómo sonríes.

Subiremos al coche
y escucharemos a Los Secretos.
El mapa volará por la ventanilla
y tendré la carretera en blanco,
pero a tu lado.

Muchas veces llegaremos tarde
a casa, pero llegaremos.
Y el invierno perderá sus fuerzas
cuando juntemos las pieles.

Pieles doradas, ocres,
como los bosques de octubre;
pieles de campo y de camino.

Y más carretera,
y más música de antes,
y documentales de La 2,
y lluvias de repente.

Tanto nos queda, tanto,
que no cabe en el poema.

DOS ANIMALES

Tumbados en esta cama
de fogata y aguanieve
la vida se va pareciendo
cada vez más a un buen libro.

A lo lejos suenan las campanas:
las once en punto,
casi media noche.

Me acomodo en tu cuello,
noto tu pulso en mis labios,
te beso en la mejilla,
paso mi brazo por tu costado,
me detengo en todas tus páginas
y aprieto fuerte.

Y nos quedamos dormidos
como dos animales sin hambre.

AHORA, DUERMES

Te miro dormir y sé
que la paz del mundo cabe
en una cama de madera oscura.

Te miro y sonrío
como si tuviera cinco años
y los bolsillos llenos de chicles.

Verte dormir es contemplar
cien cajitas de música cerradas,
un estadio apagado.

Leo en silencio,
no me perdonaría despertarte.
Paso las páginas
como un viento leve,
una brisa de mar que no estorba.

Me acerco con cuidado,
sólo un poco, y te beso el pelo,
me cuelo en tu descanso
con delicadeza y sigilo.

Como un gato caminando en el tejado
mientras la noche avanza
y el día espera.

Me siento afortunada:
tu cuerpo es de nube
y mis dedos flotan.

Hay una pequeña luz
que ilumina tu hombro;
ahí recostaré mi sueño.

Se me cierran los ojos,
pero nunca el corazón.

Ahora, duermes.
Y yo escribo tu nombre
en todos los poemas.

VISITA

Todos los días acudo a tu casa.
Muchas veces llueve
o nieva
o hace tanto frío
que mis nudillos se paralizan
y tengo que llamar a tu puerta
con la punta de las botas.

Apagamos el televisor,
encendemos la radio,
la chimenea, el instinto.

Nos miramos como tierras prometidas,
apartamos las almohadas
y el sofá se convierte en un huerto fértil.

Ahí sentada,
en las noches de invierno,
termino de crecer.

Tu mano es un milagro en mi espalda.
Dormimos con las piernas entrelazadas
y, sin pedirlo, se cumple el deseo.

El destino nos conoce mejor
que nosotros mismos.

EN CADA CARICIA, UN VERANO

REENCUENTRO

Te veo
y la urgencia me hace cruzar en rojo.

Corro como si la ciudad ardiera.
No existe el ruido de los coches,
no escucho el murmullo de los turistas.
Nada.
Ni el afilador anunciando su oferta
ni los artistas con sus malabares
ni el quiosquero con el titular del día.

Todo lo que siento es
la velocidad de la sangre en los oídos,
olas que arremeten contra un muro,
nervios rígidos como espantapájaros.

Te veo
y la urgencia me hace cruzar en rojo.

Nos abrazamos.
Sonrío.
Por fin estoy en casa.

DIRTY DANCING

Camino en calcetines de lana
sobre este suelo de hielo.
Curioseo entre tus libros
mientras me miras desde la puerta.

Preguntas si tengo hambre,
si quiero un vasito de zumo
de melocotón o de naranja.
Tal vez una tostada;
acabas de comprar el pan.

Respondo que sí,
que el invierno da hambre
y si te miro, abro la boca.

Sin pensar
—igual que no pienso lo que digo—
doy un salto hacia ti,
como una gacela,
como en *Dirty Dancing*.

Torpes y sin vergüenza,
caemos sobre el sofá
olvidando el desayuno.

TIMES SQUARE EN NOCHEVIEJA

Puede que nunca vayamos a Florencia
ni que crucemos en moto la costa de Francia.
Tal vez no visitemos el MoMA
ni escuchemos música en Nashville.

Allá se quedan las auroras de Finlandia,
las *pizzas* caseras de Nápoles,
los balconcitos con sol de Lisboa
y la cerveza fría de Irlanda.

Podemos apañárnoslas
con la sombra de estos árboles,
los bares del barrio
y algún que otro concierto.

Sabemos querernos en las butacas del cine
con las vacaciones que otros
tuvieron en Roma.

Es suficiente el vino de casa,
los taburetes de madera
y tus ojos encendidos
como Times Square en Nochevieja.

Hijos del invierno

FRUTA DULCE

No me gusta decirte mi amor
ni llamarte mi vida.

Eres mi sombra de nogal.
Mi agua dulce.
Mi ventana abierta.

Mi siesta breve.
Mi sol de invierno en los hombros.
Mi brisa suave.

Mi fruta dulce en la boca.
Mi lluvia siempre oportuna.
Mi buen tiempo.

MI SITIO

La mecedora se balancea bajo el cerezo.
A media tarde suena alta
una canción de Labordeta
y siempre hay una manta doblada
en el respaldo granate del sofá.

Agosto esparce su sol por los campos
como mantequilla en la tostada.
Octubre devuelve el aliento
cuando atardece.

La luna asoma puntual tras la montaña
y camina y camina
hasta que desde lo alto nos arroja una cuerda.

Tú preparas la merienda
entre semana,
yo escribo versos
con mala letra en la pared.

El campo está lleno de infancia
y yo tengo la misma prisa que entonces:
ninguna.

No es que haya encontrado mi sitio,
es que he estado en él todo el tiempo.

IMPULSO

Es agosto por la tarde
y fuera llueve como en los acuarios.

Abro la ventana y me llaman loca.
Asomo la cara hasta sentir
este breve otoño en la nariz.

Escucho caer la tormenta
sobre los árboles antiguos,
gota a gota, golpeando
las hojas de la morera.

Miro el camino de piedras
que, sinuoso, lleva a tu casa.
Sin pensarlo, sin saber cómo,
lo bajo;
salgo a mancharme las botas
y a llamar con mis nudillos fríos
a tu puerta tibia de madera.

Y te digo que no podemos perdernos
este buen tiempo mojado,
que nosotros empapados
somos una buena idea.

Y te pido que pruebes la lluvia
directa desde mi boca,
te miro con paciencia,
te muestro el futuro.

EL ESPECTÁCULO

Mientras todos levantan la cabeza
para mirar los fuegos artificiales,
yo la giro
para mirarte a ti.

Ellos miran al cielo,
pero se están perdiendo el espectáculo.

GRACIAS POR QUITARLE
EL VÉRTIGO
A CADA UNO DE MIS VUELOS

CARPE DIEM

Hoy, ahora, estamos aquí,
en esta carretera.

Y sé que antes de que empiece
la siguiente canción
me apoyaré en tu hombro
y señalaré otra nube.

No sé más sobre el futuro.
Hoy, ahora, estamos aquí.

Dime qué importa si nieva
o no en diciembre.
El mañana es un pueblo lejano.

VOLVER

Regreso a casa
con la prisa en los labios,
con la urgencia en las manos.

Buscando unos ojos
que devuelvan el color a los míos.

Llego y me recibes
como un niño al cartero.

Y me quito el reloj
para rodearte
con brazos infinitos.

EL ORO DE TODOS LOS PIRATAS

Tu acento.
Ese modo de pedir
las cosas por favor.

Lo mucho que te gustan
las estanterías repletas de libros.
El olor de la lluvia
(un tópico, eso parece,
pero dice tanto...).

Las tardes tranquilas,
bajarnos del mundo,
escuchar la radio.

La marea me ha traído
el oro de todos los piratas.

Voy a tumbarme
en una de esas arruguitas diminutas
que se te dibujan en la esquina
de los ojos cuando sonríes.

Y desde ahí, cada noche,
te daré las gracias.

QUÉDATE

Quédate hasta que se caigan las hojas,
y después quédate más.

Quédate.
Porque completas el paisaje,
porque los árboles
se mueven de otro modo,
más elegantes,
más salvajes.

Porque me gusta nombrarte
con timidez y con eco
cuando olvidas la chaqueta
en el asiento del coche.

Porque a mi casa
le cuesta ser casa
sin tus manos trasteando
entre pinturas y cemento.

Quédate,
porque asustas al frío
y yo no tiemblo.

LOS *TEQUIERO*

Aunque amo la palabra
y escribo por supervivencia,
los *tequiero* suelen decirse solos.

Los escucho cuando me das de tu pan
o me acercas la toalla.
Cuando me apartas el pelo,
o al dejar un vaso de agua
en mi lado de la cama.

Te los leo en la mirada
cuando son las doce y debo irme,
y en tus manos sobre mi espalda
si es enero y ves que tiemblo.

Los *tequiero* suelen decirse solos,
pero si algún día su voz es tan bajita
que el oído o la vista no alcanzan,
quién sabe, por si acaso,
los guardaré en esta carta.

NO QUIERO QUE ME SAQUES
A BAILAR,
QUIERO QUE ME SAQUES
DEL BAILE

SUGERENCIAS

Había pensado en protegernos
como se protegen las hogueras en la noche.

Dormir juntos, pegados
como dos páginas de un libro.
Acurrucados sin frío,
hijos del invierno.

Abrazarnos sin abreviar,
igual que los campeones.

Sin necesitarnos demasiado.
Ya sabes:
prescindibles, pero cerca.

AEROPUERTOS

Me gustaría contar los minutos
contigo en los aeropuertos,
que me notes impaciente
y nos distraigamos cantando
estribillos de La Guardia.

Agarrar tu mano en el despegue.
Negar a la vez cuando intenten
vendernos perfume caro.
Mirar tus ojos,
dejar las nubes al resto.

Otro vuelo más
como el de ayer,
como el de mañana,
pero a más altura.

Me gustaría viajar hasta donde no sepan
pronunciar tu nombre,
hasta donde se pueda cenar a cualquier hora,
hasta donde los vecinos aplaudan la música.

Pero hoy estamos en esta calle,
hemos hecho la compra para el fin de semana.
Se acaba el día y no me asusta.
He descubierto que el lugar no importa.

Te veo atardecer
y me reconcilio
con las calles de siempre
y con el verano.

IDA Y VUELTA

No me lleves a la luna,
parece aburrida.

Llévame a cualquier lugar
con mar y vino
desde donde podamos verla.

DESEOS DE VERANO

Una ventana por la que ver
relámpagos y cerezos.
Unas escaleras donde sentarse a escribir
que el verano avanza lento.

Un zumo de naranja
que gotee por la barbilla.
Una cocina con azulejos fríos
en los que apoyarse
mientras se cuece el arroz.

Una película que nos recuerde
que el otoño siempre vuelve.
Una merienda en el río.
Una canción que hable del mar.

Un trocito de domingo entre semana.
Un poco de brisa cuando la madrugada
nos hunda en el colchón.

Y alguien,
tú,
a quien dar las buenas noches.

TIEMPO

Una necesita ver llover
con el teléfono apagado.

Acercarse al calor,
sentarse a comer
en las escaleras de casa,
rozar con ambas manos la madera,
remendar viejas camisas.

Hablar de cómo eran los inviernos
hace veinte o veinticinco años,
correr hasta el río,
redescubrir el abrazo.

Mirarte a los ojos,
silencios muy cómodos,
merendar sin prisa,
prolongar los domingos.

RELOJES DE ARENA

Escribo poemas en un cuaderno
mojado de mar y limonada.
Tú preparas el almuerzo:
fruta fresca, verduras, olor a membrillo.

Dejo la inspiración
—y no me arrepiento—
para ir a abrazarte por la espalda
mientras cortas los tomates.

Con el delantal puesto y mal atado
nos tumbamos en el suelo,
somos un cuadro de Matisse,
La alegría de vivir, justo ese.

Removemos el café
en una tacita blanca
que refleja la luz de la mañana.

La tarde avanza lenta,
como una eternidad cómoda,
una eternidad que no pesa.

El crucigrama inacabado
sobre la mesa de la terraza,
los gatos asomados a la barandilla
y nosotros abriendo un vino
después de la siesta,
como en las películas francesas.

Repetir de nuevo,
ojalá repetir mañana;
tal vez cambiando de cuadro,
el vino por licor de manzana
o el delantal por una falda corta.

Que se nos haga de día
y vuelvan a girar
nuestros relojes de arena.

VOLVAMOS A CASA

He visto campos moverse como mares,
olas verticales, verdes como ojos curiosos
buscando el mediodía.

Quisiera encontrarte como antes,
alegre, en mitad del vendaval
que agita las cortinas y vuela las facturas.

Darte la mano sin frío y sin bolsillos,
que te acerques y me digas al oído
—para que ningún viento ladrón
se lleve tus palabras—
que estamos a tiempo
de volver a casa.

ERES EL ARTE DE MI HISTORIA

LOS MUSEOS

Quisiera acercarme lentamente
a todos tus detalles.
Acelerarnos los pulsos
como las motos del domingo.

Que seas el niño que merienda fruta
y ser yo la niña que todas las tardes
llega a casa con dos trenzas
y oliendo a naranjas.

Existir en tu caminar,
bajo tus olivos.

Mirarte por fin
desde el otro extremo de la mesa.
Perderme en tus ojos,
perderme como en los museos.
Redescubrir en tu cuerpo
la Historia del Arte.

HABLAR

Me gustaría mirarte en silencio,

como si las palabras no existieran
y sólo tuviésemos estas manos
para decírnoslo todo.

Y yo quiero contarte tantas cosas.

CUANDO LLEGUE DICIEMBRE

Me sentaré a tu lado,
frente al calor de la cocina.

Llenaré de poemas
la entrada de tu casa.

En cada tronco de leña
grabaré tu nombre.

Le quitaremos el frío
a la definición de invierno.

Arderá diciembre
y lo veré en tus ojos.

Ojos que son una hoguera viva
bajo los fuertes diluvios.
Con ese color tan —no sé—,
tan de nieve y de mediodía.

Y hacia ellos correré
como un lobo hacia su luna.

EL BUEN TIEMPO

A veces sueño contigo.
Anoche me arrancabas
esta ciudad de los pies.

Te calzabas las botas
y venías a buscarme,
me liberabas de la prisa y del semáforo
y nadie me decía cuándo detenerme.

Con un breve gesto
aparecíamos donde los bosques y el río
sentados en la ventana.

Removías el café mirándome a los ojos.
Me silbabas *The River*
y rebobinabas la cinta.

Llovía y se mojaba la ropa,
se hacía de noche y los perros
se asomaban a oírnos cantar.

Los niños crecían tranquilos.
Los truenos se oían cerca
y celebrábamos el buen tiempo.

Porque el mal tiempo no existe,
y tú lo sabes,
si la compañía es la adecuada.

IDEA

Quiero contar contigo
desde mi empezar de cero.

Desenvolver el calendario,
sumar,
ver qué pasa.
Que improvisemos juntos
me parece un buen plan.

No tenemos
todo el tiempo del mundo,
pero podemos aprovechar
el que tenemos.

Tal vez no sea una buena idea,
pero es una idea preciosa.

ACANTILADO

No me importa si vamos
en la buena dirección,

me basta con que vayamos
en la misma.

SPACE JAM

Podría ser divertido.
Podríamos bailar en un hotel
de las montañas de Catskill.

Cabalgar un T-Rex.
Rebobinar las cintas con el boli
que utilizo para escribirte poemas.

Podríamos pasar la Navidad con los McCallister,
comprar una guía de viaje en Notting Hill,
ir en bici por Manhattan.

Podríamos hacer autoestop en los 80,
y bailar en los 90.
Podría hacer chas y aparecer a tu lado.

POR CADA VEZ QUE TE PIENSO
LE BROTA UNA FLOR AL CEREZO

MAGIA

Cómo es posible
que sienta tu abrazo
estando como estamos:
cada uno en un extremo de la noche,
en orillas opuestas,
bajo luces diferentes.

Cómo es posible
que me gire en la cama
y tu calor me sorprenda
bajo mi hombro izquierdo,
si en este colchón
tan solo quedamos
mi viejo pijama y yo sin sueño.

Cómo es posible, dime,
cómo es posible
que pronuncie tu nombre
y se haga de día.

DEMASIADAS TARDES

Cuánto me gustaría
rodearte con estos brazos delgados
al final de la tarde.

Tocarte como toca el sol
el borde de la montaña
con mis dedos desnudos,
con mis dedos de hambre.

Meterme en tus ojos de mar,
un chapuzón para acabar el día.
Calentarme en tus aguas,
bucearte.

Envolverme de ti,
como un regalo,
y que después me abrieras.

Siempre he tenido los brazos fuertes
para sostener tu cuerpo de amor,
pero no para sujetar el pesado tiempo
que nos separa ya
demasiadas tardes.

EL JARDÍN

Me gustaba despertar y verte.
Cada mañana eras una primavera
recién estrenada.

Un fuego relajado
sentado al borde de la cama.
Una llama viva
con los párpados hinchados
y el despertador sonando
a las siete en punto.

Debí guardar alguna de tus flores
para cuando el otoño se lo llevara todo.
Y se lo ha llevado.

Hoy pienso en lo fácil que es echar de menos,
en lo rápido que se aplasta un jardín,
en lo inútil que es gritar en los aviones.

Nada es infinito
y la realidad asusta.
Tengo miedo,
pero también tengo canciones.

Hoy he puesto los pies en el suelo,
pero sigo mirando hacia arriba.

INEVITABLE

Yo no he elegido echarte de menos.

Una no se levanta por la mañana
y decide echar de menos.

Tampoco son voluntarias
las ganas locas de tocar tu espalda,
o de rozar tus piernas bajo la mesa del bar
o de acariciarte los brazos en la terraza.

Estas cosas son así.
Del mismo modo que una canción te invade
y se convierte en himno.

No puedes evitarlo.
Sucede y ya está.

QUIÉN SABE

Quién sabe si pensarás en mí
cuando llegas cansado a casa
y ves el hueco vacío en el sofá.

Si habrá silencio o habrá aplauso
ahora que ya no canto
ni rompo sin querer las tazas
ni derramo el Cola Cao por la encimera.

Quién sabe si sigues leyendo
en la noche o al alba
o si subrayas alguna frase
para enseñármela después.

Estoy tan lejos que no veo
si has dejado la luz encendida
para que no me pierda
cuando vuelva del trabajo y no haya sol.

Quién sabe si te acuerdas de mi nombre,
si reconoces el lápiz que olvidé,
si mantienes la esperanza,
si aún no te has rendido.

Hijos del invierno

CUANDO TODO ACABE

Cómo recordaré este día
cuando hayan pasado dos, cinco,
diecisiete años.

Cómo me sentiré al pensar
en tu ventana iluminada
allá a lo lejos
recortando la montaña.

En este camino y su frío
del que no me canso.
En el sonido de tu cerradura
al abrir la puerta
después de encontrar
la llave bajo el felpudo.

Cómo responderán mis ojos
y la serenidad de mis manos
cuando por casualidad
una calle
o el párrafo de un libro
me recuerden a ti.

LA PAZ MUNDIAL

Hoy, por casualidad,
he pasado por tu casa
y he visto la puerta abierta.

Tus camisas colgadas,
la mochila de los libros
que llevas al campo.

El incienso encendido
como cuando hablábamos
un poco de todo
y nos interrumpía el beso.

Me pregunto cuánta gente
habrá pasado por tu puerta
sin saber que ahí dentro
vive la paz mundial.

EN LOS ADIOSES
LOS CIELOS NUBLADOS
SE TE METEN DENTRO

QUÉ MÁS SE PUEDE PEDIR

El tren se pone en marcha.
Yo, con la sien en la ventana,
envidio a los que llegan
y sellan el reencuentro con un beso.

Una parte de mí, una parte diminuta
como aquella estrella de allá,
esperaba verte correr por el andén
tropezando con maletas y viajeros,
gritando «no te vayas,
el mundo es un desastre sin ti
y cada domingo, un breve invierno».

Si pudiera,
si el miedo y los pasados me dejaran,
atendería esta emergencia,
vaciaría mis bolsillos,
me libraría del peso
y, con lo puesto
—con lo puesto y un diario en blanco—,
llamaría a tu puerta
y te ofrecería ser valientes.

Pero el tren se ha puesto en marcha
y el presente se consume.

Olvidé pedir que nunca terminara
aquel día que nos preguntamos
qué más se podía pedir.

YA ESTÁ

No sé qué ocurre.
La vida se va resumiendo
cada vez más.

Nos conformamos con que la cena
no se enfríe demasiado.
Ya está.

Qué fue de la pelea,
de lo salvaje en el estómago.

Qué fue de los tambores en el pecho.
Dónde ha quedado
todo lo que planeamos.

SIN MAPA

Ya me había hecho a tus rutinas,
a tu luz de entre semana
y a las llaves del portal.

A saludar a tu perro,
a ponerme tus camisas
y al volumen de la radio.

Cuando te acostumbras a lo bueno,
llega la vida con otros caminos;
y tú, sin mapa.

CONFESIÓN

A veces miro fijamente
una farola
un árbol
la puerta de una librería.

Y la gente piensa que me interesan
las farolas
los árboles
las puertas de las librerías.

Pero yo simplemente
estoy pensando en ti.

OVILLO

Deberías aparecer
y decirme que todo irá bien.

Vuelve pronto por aquí;
el pijama es un abrazo polar
y a mí me asusta tanta Antártida.

La noche me ha encontrado hecha un ovillo,
acurrucada en un vacío
que se clava y se clava.

Escuchando la misma canción
que empieza sin ti
y acaba conmigo.

LA ESPERA ES UN MUNDO
ALEJADO DEL MUNDO

CANCIONES Y FRÍO

Se cierra el calendario
a mediados de octubre.

¿A dónde habrá ido
el tiempo que nos quedaba?

¿Qué será de nuestra luna?

La corriente del río
arrastra el amor a otros lugares,
a otras bocas.

¿Qué queda
cuando el presente se marcha?

Una caja de zapatos,
una carta sin fecha,
canciones
y frío.

TIEMPOS MODERNOS

Dime:
¿qué hago yo con este frío
ahora que las fotografías ya no se pueden quemar?

VACÍO

Siempre falta algo al final de la tarde,
cuando el sol se va
y se acomodan las primeras estrellas
con su luz limpia
sobre los tejados del barrio.

Siempre falta algo:
tu beso en mi pelo,
tus ojos en mis ojos,
tu emisora,
tu calor en mis pies descalzos.

Y el hueco de tus manos,
donde quiero guardar
estas palabras de amor
que se me están rompiendo.

TUS MAÑANAS

Mi mente dijo «basta» hace tiempo.
Pero este cuerpo diminuto se resiste.

Hoy me he sorprendido
plegando la ropa a tu modo.

Y haciendo café,
aunque no me gusta,
solo porque es
a lo que huelen tus mañanas.

PALABRAS

Mi piel te busca
como el león a la cebra
en los documentales de los martes.

No me acostumbro a tu silla vacía.
Es extraño no poder contarte
cómo me ha ido el día,
o darte la noticia
de que he encontrado
un nuevo trabajo.

Está amaneciendo
y todavía no sé
cómo llamar a esta ausencia.
Ha de ser alguna cosa
que se pronuncie rápido,
breve y ligera,
para que el viento, sin esfuerzo,
se la lleve de estas calles.

Ahora quiero leer,
leer muchísimo,
solo eso,
llenarme de palabras
hasta que se me olvide tu nombre.

EL TIEMPO SE PIERDE
CUANDO TUS HORAS Y MIS
HORAS
NO SON LAS MISMAS

FM

Me gusta pensar que estamos escuchando
la misma emisora de radio.

Yo aquí, frente al mar,
apoyando las piernas en la pared templada
para aliviar el calor.

Tú allá, tumbado,
buscando la postura más cómoda,
olvidándome poco a poco
o a la velocidad de un tijeretazo.

Y casi puedo sentir tus manos
en mi cintura cuando suena
aquella canción de Van Morrison
que una vez bailamos.

Entonces te busco en la cama
y el vacío me sacude los pies.

Ojalá llamaras buscándome
al otro lado del insomnio,
al otro lado de la madrugada.

Me abrazo al último libro
que me prestaste.
Una vez pasaste sus páginas
y en ellas busco tu tacto.

En fin,
el año es muy largo,
pero hay noches
más largas todavía.

HASTA MAÑANA

Supongo que hace rato que ya duermes.
Algunos días el monte agota demasiado.

Supongo que estarás tumbado
en esa cama grande como el Coliseo
—o eso me parecía cuando te marchabas al trabajo
y me quedaba sola—.

Supongo que tendrás abierta
la ventana para mirar la luna
y alguien estará cantando en la radio.

Supongo que no sobra colchón
y que la ceniza del último incienso
vuela por tu escritorio.

Supongo que ya no te acuerdas,
pero no soy capaz de dormir
sin decirte «hasta mañana».

ESTA NIÑA ESTÁ CANSADA

Necesito un pijama grueso;
no importa el color, aunque mejor
si es a cuadros, granate y verde oscuro
para que proteja con fuerza de armadura
como un abrazo de familia.

Calcetines para caminar sobre el frío,
una manta con gatos abrazados
y leña ardiendo que ilumine
estos ojos a puntito de llorar.

Una taza de porcelana
con un poleo menta,
tomillo, algo de miel,
jengibre y unas gotas de limón.
Plantas medicinales
para combatir esta tristeza
que no sé de dónde viene.

Me gustaría
—si no es pedir demasiado—
que una vez, tan solo una,
fuera fácil la pelea.

Cubrir estos huesos viejos
con el calor del hogar.
Cerrar las ventanas,
acurrucarme en el otoño

y murmurarle a cada monstruo
que esta niña está cansada,
que hoy no tiene hambre
ni ganas de jugar.

SOL

Preparo zumo mientras lloro un poco,
abro la ventana que da a esta ciudad ahogada,
maldigo el buen tiempo
—así lo llama la gente—
por no acompañar mi pena.
Ten cuidado, sol,
te falta una "o" para perderlo todo.

Salgo a la calle con gafas oscuras,
al borde de la cojera, temblando,
cargando la jaula invisible de la angustia.
Nostalgia, frena un poco,
ya no sé cómo nombrarte en los poemas.

¿Qué puedo hacer, cómo me salvo?
Voy a quitarte el poder de hacerme daño.
Ese es mi deseo,
tal vez me lo conceda esta noche
alguna estrella novata.

Llega el día,
y yo sigo agotada,
la tristeza no me suelta el cuello.
Qué sencillo era el mundo antes de ti.
Qué fácil se dormía sin echar de menos.

ALGO QUE EMOCIONE

Yo solo quiero calma,
no pasar frío,
comer manzanas,
besar en los museos,
bañarme en el lago,
una sartén que no se pegue,
reconocerme en el espejo,
decir «es domingo»,
maullar,
tener seis años,
escribir de vez en cuando
algo que emocione.

LA MISMA NOCHE

Escribo los besos que no puedo dar.
Agoto el cuaderno;
ya van tres esta semana.

A cada avión fugaz que pasa
le pido el mismo deseo:
que tu noche y mi noche sean,
por favor y por fin,
la misma noche.

MI POEMA FAVORITO

Siempre respondo lo mismo
cuando me preguntan
cuál es mi poema favorito.

Y luego dicen:
«¿Por qué?».
Pretenden que me justifique.

No es por el poema,
es porque tú me lo leías.

A veces,
las cosas favoritas
son favoritas por la compañía.

ES CURIOSO:
SI LO DEJAS PASAR, NO PASA

SILENCIO INCÓMODO

Esta noche la lluvia es oportuna.
Hay una pena en los balcones,
una pena de ciudad deshabitada.

Esta noche, alejados de lo posible,
miro al cielo
y no veo la luna.

Con un gesto triste
me separo de la ventana,
acaricio la almohada
y tarareo la última canción que escuchamos.

Cierro los ojos e imagino
que doblas los vaqueros en la silla,
te veo caminar
hasta tu lado de la cama
y encender la música
antes de tumbarte.

Hoy he leído «volveremos a vernos»
y lo he subrayado.
Subrayo los libros
pidiendo deseos.

Pero no.
Esta noche no habrá fuego
ni habrá incienso
ni tu azul se posará en mi verde.
Esta noche el silencio es incómodo.
Esta noche no nos besaremos.

Qué miedo da
mirar a ambos lados
y no verte.

SANTUARIO

Sigue lloviendo,
y en mis manos noto
cómo resbalan las gotas
sobre tu tacto antiguo.

Un tacto que no se borra,
que perdura como una construcción
suspendida en el tiempo.
Un santuario de rocas primitivas.

Siento en mis manos ese calor familiar,
de chimenea,
de niebla y música lenta.

Y así voy por casa,
incendiando de recuerdos
aquello que toco:
la manta del sofá,
el calendario en el mes de noviembre,
el grifo del baño,
las llaves que dejaste
al salir por la puerta.

NO PROMETIMOS NADA

A toda voz le llega
la despedida que la quiebra.

Callarnos al decir adiós
fue un trueno rompiendo el silencio.

El último beso sin beso,
la caricia en el aire.

No prometimos nada,
no lo habríamos cumplido.

Me despedí de ti,
pero te veo cada día
en las canciones.

MENTIRA

Cambio de planes:
ahora te olvido yo.

OPORTO

De cuando intenté olvidar en Portugal

Cada día amaneció nublado,
y cada día llovió como
un niño al final del verano.

Yo te buscaba en los talleres de pintores,
gritaba tu nombre por la Rua de Santa Catarina,
pero siempre regresaba a mi garganta
más azul y más frío.

Una mañana creí verte de espaldas
ojeando una postal.
Corrí veloz hasta la mala noticia.
Todavía puedo sentir en la boca
el sabor amargo.

Sé que nunca te han gustado los tranvías,
pero aun así
esperaba verte bajar
del número veintidós
con tu mochila al hombro
sin bufanda y sin abrigo.

Caminé hasta Aveiro,
pero allí no estabas.
Tampoco entre las casas de Costa Nova.
Así que, de vuelta a casa,
lloré hasta deshacerme
de todo el Atlántico.

Sobre una mesa de madera
escribí una carta de despedida
que más tarde quemé
y arrojé al Duero.

Aquel fue un enero difícil en Oporto.
Aquel fue un enero difícil para mis pies fríos.

CUENTA ATRÁS

«A la de tres te olvido»,
dije esperando el milagro.

Pero todo el mundo sabe
que nadie está preparado
después de la cuenta atrás.

PARA SIEMPRE

Solo ocurrió una vez,
pero ocurrió para siempre.

No sabía cómo funcionaba el olvido;
hasta hoy,
que he comprendido que el olvido
no funciona.

CUÁNTAS DESPEDIDAS
SIN DECIR ADIÓS

LO IMPORTANTE

Tiene que ocurrir.
Deseo que ocurra.
La oportunidad que esperaba.
El final de aquel adiós.

Que desaparezca todo
y regrese lo importante.

La primera luz de la mañana
sobre la cama.
Nuestra cama.

Una cama en una habitación
que no necesita ventanas
porque los manzanos,
los niños en bicicleta,
el oleaje
y las mañanas de mercado,
todo eso
está en tus ojos.

El amor tan solo precisa
una pequeña radio,
una columna de libros
y el roce cálido de una mano.

Tiene que ocurrir.
Deseo que ocurra.
La oportunidad que esperaba.
El final de aquel adiós.

ESPERAR

Espero con la calma de un lago
en el que nadie se baña.
Algo impaciente, ya sabes,
tarareando canciones de orquesta,
leyendo con la poca luz
que has dejado en esta casa.

Hace calor y en la plaza
juegan al balón las niñas,
comen pan con las manos,
y yo las miro apoyada
en la piedra del camino.

Esperaré también
cuando cambien de color los árboles,
cuando las aves se alejen
y las confundan con humo,

cuando llegue el frío
y haya olvidado el abrigo
en los viejos baúles.

Esperaré sentada
en el borde de esta página
que todavía no quiero pasar.

Algún día, quizá un miércoles,
olvidaré lo que espero.
Será entonces cuando ocurra,
cuando ocurras,
de repente y puntual.

Dime:
¿hay algo más difícil
que dejar que pase el tiempo?

UNA GRAN HISTORIA

Mira el cielo, ahí arriba,
con sus estrellas y sus muertos.
Está esperando una gran historia.
Vamos a dársela.

INCERTIDUMBRE

No sé qué conseguiremos,
pero lo intentaremos todo.

No sé a dónde nos llevará esto,
pero sí sé que quiero ir contigo.

No sé cuándo,
pero sé que sí.

EL OJALÁ

Tal vez no ocurra nunca,
pero yo lo escribiré esta noche.

Si no queda otra,
te viviré en los poemas.

NO VOLVIMOS A BAILAR,
PERO TAMPOCO
VOLVIMOS A PISARNOS

EL DESPUÉS

A veces es inevitable
esa punzadita en las pieles
y entre los huesos.

Recordar sin querer
una risa,
una carretera,
la forma exacta
de las llaves del portal.

La vieja calle en obras
por la que caminábamos
bajo un sol de injusticia
en las tardes de junio
antes de comer arroz.

También hubo frío
y muchas lunas.
Un frío del que nos gustaba:
con besos de esquimal
y con meriendas.

Aquello es irrecuperable,
un Titanic al que puedes acercarte
para pasar la tarde y poco más.

HASTA SIEMPRE

Ya no voy a ir corriendo al aeropuerto
para impedir que subas a ese avión.

Pero te voy a querer toda mi vida.

NO PUEDO

No puedo quedarme
si me estás queriendo
con medio corazón
y sin ropa de entretiempo.

Si me tapas con la manta
solo a ratos,
congelándome el cariño
y los tobillos.

He de irme a lavar las penas,
a dibujarme de nuevo.

El futuro está brillando
como una joya bajo el agua.

LA ROSA O LA ESPINA

No me daré la vuelta.

No buscaré una excusa en el pasado.
No mantendré las cadenas
ni en mis pies ni en mis muñecas.

Continuaré descalza si hace falta,
como un cometa,
a donde sea.

Seguiré.
No importa si encuentro la rosa
o encuentro la espina.

No me daré la vuelta.

COMIENZOS

Despierto a diario,
pero cada mañana
abro un poco más los ojos.

Háblame, espejo,
no me digas que soy la más bella,
dime que soy la más valiente.

Hoy he vuelto
hasta donde dejé de ser yo
y me he reconquistado.

ÍNDICE

Este libro
se terminó de imprimir
en el mes
de febrero de 2022